JUILLET SAINT-LAGER

SOUS-CHEF DE BUREAU AU MINISTÈRE DE L'INTÉRIEUR

AFFOUAGE COMMUNAL

APTITUDE PERSONNELLE DES PRÉTENDANTS DROIT

COMPÉTENCE

DE LA

JURIDICTION ADMINISTRATIVE

EXTRAIT DE LA REVUE GÉNÉRALE D'ADMINISTRATION

BERGER-LEVRAULT ET Cⁱᵉ, LIBRAIRES-ÉDITEURS

PARIS
5, RUE DES BEAUX-ARTS

NANCY
18, RUE DES GLACIS

1896

AFFOUAGE COMMUNAL

NANCY, IMPRIMERIE BERGER-LEVRAULT ET Cie

JUILLET SAINT-LAGER

SOUS-CHEF DE BUREAU AU MINISTÈRE DE L'INTÉRIEUR

AFFOUAGE COMMUNAL

APTITUDE PERSONNELLE DES PRÉTENDANTS DROIT

COMPÉTENCE

DE LA

JURIDICTION ADMINISTRATIVE

EXTRAIT DE LA REVUE GÉNÉRALE D'ADMINISTRATION

BERGER-LEVRAULT ET Cie, LIBRAIRES-ÉDITEURS

PARIS	NANCY
5, RUE DES BEAUX-ARTS	18, RUE DES GLACIS

1896

AFFOUAGE COMMUNAL

—

APTITUDE PERSONNELLE DES PRÉTENDANTS DROIT

COMPÉTENCE

DE LA

JURIDICTION ADMINISTRATIVE

—

I.

Depuis l'application du Code forestier, des difficultés de compétence se sont produites entre la juridiction administrative et les tribunaux ordinaires, qui revendiquaient concurremment la connaissance des questions relatives à l'aptitude personnelle des prétendants droit à l'affouage communal. En 1850, le Tribunal des conflits, nouvellement créé, fut saisi de la question et se prononça en faveur des tribunaux civils. Cette jurisprudence a été respectée pendant longtemps par les conseils de préfecture et par le Conseil d'État ; mais elle a produit de tels inconvénients que les tribunaux administratifs, ou du moins certains d'entre eux, ont abandonné la doctrine du Tribunal des conflits et ont retenu, pour les juger au fond, les contestations nées entre les communes et leurs habitants sur la question de savoir si tel prétendant droit réunissait ou non les conditions requises par l'article 105 du Code forestier pour pouvoir revendiquer la délivrance d'un lot d'affouage.

Cette différence d'appréciation entre les deux juridictions amena de nouvelles difficultés, dont l'administration ne pouvait se désintéresser plus longtemps sans porter préjudice aux droits respectifs des communes et des affouagistes, qui se voyaient trop souvent contraints ou de renoncer à de légitimes revendications ou de s'engager dans des procès longs et coûteux, dont les frais étaient parfois bien supérieurs à la valeur de la chose litigieuse.

En conséquence, le ministre de l'intérieur a pensé qu'il convenait de saisir la première occasion propice pour soumettre de nouveau la question de compétence au Tribunal des conflits, et il l'a fait dans les circonstances suivantes :

Le 3 août 1895, le sieur Vaillant, qui avait rempli les formalités administratives prescrites par l'article 124 de la loi du 5 avril 1884[1], assignait la commune de Tavey devant le tribunal de Lure, à l'effet d'obtenir la délivrance de la portion d'affouage à laquelle il prétendait avoir droit pour l'exercice 1894-1895.

Le préfet de la Haute-Saône, se fondant, d'après les instructions du ministre, sur la jurisprudence actuelle du Conseil d'État (arrêt du 8 avril 1892), adressa au tribunal de Lure un déclinatoire d'incompétence, la question soulevée par le demandeur constituant, d'après lui, non pas une question préjudicielle d'état, mais une question d'aptitude personnelle à l'affouage, telle qu'elle résulte de l'article 105 du Code forestier, modifié par la loi du 23 novembre 1883. Le tribunal, par jugement du 8 novembre 1895, rejeta le déclinatoire préfectoral et condamna la commune de Tavey aux dépens. Celle-ci interjeta appel devant la cour de Besançon et fit valoir, entre autres moyens, qu'un arrêté antérieur du conseil de préfecture de la Haute-Saône, rendu le 9 février 1894, et passé en force de chose jugée, contre le sieur Vaillant, dont la situation ne s'était pas modifiée depuis, avait décidé que celui-ci ne pouvait être considéré comme chef de ménage et n'avait, par suite, pas droit à l'affouage communal. Le sieur Vaillant soutenait l'opinion contraire et, le 14 mars 1896, le préfet de la Haute-Saône présenta à la cour un nouveau déclinatoire d'incompétence.

----

1. Production d'un mémoire exposant l'objet et les motifs de la réclamation.

Le procureur général, estimant que l'arrêt du Conseil d'État, en date du 8 avril 1892, invoqué par le préfet, n'avait pas statué sur une question d'aptitude personnelle, mais sur une question d'imposition à la taxe affouagère ; que la jurisprudence sur la matière demeurait fixée par les arrêts du Tribunal des conflits des 10 avril et 12 juin 1850, attribuant à l'autorité judiciaire la connaissance des litiges sur l'aptitude personnelle des prétendants droit à l'affouage, conclut au rejet du déclinatoire et au renvoi de l'affaire devant le tribunal de Lure, pour y être statué au fond.

La Cour avait donc à se prononcer à la fois sur l'exception de la chose jugée et sur la compétence.

En ce qui concerne le premier point, elle a constaté que l'arrêté du conseil de préfecture du 9 février 1894, statuant sur une réclamation du sieur Vaillant, était relatif à l'exercice 1893-1894 ; elle en a conclu que si, par arrêt du 6 février 1895, elle avait reconnu, à cette décision administrative, le caractère de la chose jugée, l'exception ne saurait être opposée, en l'espèce, puisque le litige nouveau portait sur l'exercice 1894-1895 et que, par suite, la cause n'était pas la même.

Sur le second point, elle a confirmé le jugement du tribunal de Lure et, par arrêt du 25 mars dernier, elle a ordonné le renvoi de l'instance devant le tribunal pour y être statué au fond en condamnant la commune de Tavey aux dépens.

Le préfet de la Haute-Saône a, dans ces conditions, élevé le conflit d'attributions par un arrêté qui porte la date du 8 avril dernier.

Appelé par le Tribunal des conflits à fournir ses observations, le ministre de l'intérieur a présenté un mémoire que, vu son importance, nous croyons devoir reproduire *in extenso*.

II.

§ 1er.

Il me paraît indispensable, a dit le ministre, pour éclairer le débat, de remonter dans notre histoire, afin d'y rechercher quelles ont été, à différentes époques, les idées prédominantes sur la question.

L'affouage est un des plus anciens droits qui existent en France. Cette antiquité d'origine lui donne un caractère tout particulier qu'il conserve encore malgré les variations de la législation. C'est l'édit de François Ier, de décembre 1543, qui, pour la première fois, a reconnu aux communautés le droit de posséder des bois et forêts. Cette décision royale ordonnait que les règles et pénalités prescrites sur l'exercice des droits d'affouage dans les forêts de la Couronne seraient applicables dans toutes les forêts du royaume, quels qu'en fussent les propriétaires ; elle établissait, en outre, les juridictions appelées à connaître des contestations sur la matière et stipulait que celles-ci seraient portées, du moins en appel, devant les autorités relevant du trône. Cet édit est intitulé : « De la cognoissance des eauës, bois et forêts des subjects du roy, attribué aux officiers des eauës et forêts ; et création de six conseillers à la Table de marbre. »

L'article 1er, après avoir parlé des propriétaires des bois et forêts, s'occupe des affouagistes et dispose que « les prétendants droicts, tant sur le fonds d'iceux, qu'usage, pasturage, pasnage, ou autre droit, ou servitude en iceux, seront justiciables, tant en demandant qu'en défendant, pardevant le maistre particulier des eauës et forests ou pardevant le maistre des eauës et forests des prélats, princes et seigneurs ayans tels officiers, chacun en sa jurisdiction en première instance, et par appel et ressort pardevant le dit grand maistre général réformateur des dites eauës et forests en son dit siège de la table de marbre du palais de Paris... » Les officiers dont il est ici question sont ceux que François Ier ou ses prédécesseurs avaient établis et dont il est fait mention dans le préambule de l'édit de 1543, de la manière suivante : « Un grandmaistre enquesteur et général réformateur, ses lieutenants, advocat, procureur, greffier, receveur et autres officiers, etc. »

Il est donc certain que les rois de France avaient eu le souci de créer pour les questions relatives aux eaux et forêts, aussi bien à l'égard des propriétaires qu'à celui des affouagistes, aussi bien pour le domaine de la Couronne que pour celui des princes, prélats, seigneurs et communautés, une juridic tion spéciale, qui ne peut être confondue avec la juridiction ordinaire, puisque, depuis le grand maître jusqu'aux bas officiers, en passant par les avocat, greffier, procureur, etc., elle avait ses agents particuliers.

En ce qui concerne les contestations, nulle distinction n'est faite et la juridiction est établie, aussi bien pour le prince qui se plaint des dilapidations commises dans ses forêts que pour le prétendant droit à l'affouage, sans qu'il y ait lieu d'examiner si la réclamation de celui-ci est basée sur une question d'aptitude personnelle ou bien vise le mode du partage ou la quantité de bois qu'il lui est loisible de s'approprier.

L'édit de 1543 a été suivi par celui que Colbert a fait rendre au roi Louis XIV, en août 1669, et qui est resté le Code forestier français jusqu'en 1827.

Le titre XXV de cet édit est intitulé : « Des bois appartenant aux communautés et habitants des paroisses ». Il n'est pas téméraire d'affirmer que, pour sa rédaction, Colbert s'est largement inspiré des décisions royales antérieures et notamment de celle de 1543, en y ajoutant une ampleur de vues, un soin des détails, une sagesse de réglementation plus en harmonie avec la grande époque à laquelle il vivait.

Les officiers forestiers de tous rangs sont maintenus, leurs fonctions sont étendues, leur compétence élargie, leurs pouvoirs agrandis, d'autant plus que les officialités particulières des princes, prélats et seigneurs étaient abolies et que les autorités royales restaient seules chargées de l'administration des eaux et forêts du royaume ; elles en furent chargées, d'ailleurs, dans toutes ses parties. L'article 2 stipule notamment : « Les coupes seront faites... pour être ensuite distribuées selon la coutume, et, en cas de plainte ou contestation sur le partage ou distribution, le grand maître y pourvoira en faisant ses visites. » Le grand maître, officier de la Couronne, fonctionnaire administratif selon les idées du temps, est donc chargé d'examiner les plaintes et contestations sur le partage ou la distribution du bois d'affouage, ce qui implique aussi bien les questions d'aptitude personnelle et le droit à la distribution, que le mode de partage, selon la coutume locale, laquelle est toujours respectée. Le souci de maintenir une juridiction spéciale pour tous les différends relatifs aux bois communaux et à leur partage est encore plus nettement précisée par l'article 20, ainsi conçu : « Les grands maîtres et officiers de la maîtrise instruiront et jugeront sommairement les différends qui pourraient survenir en exécution du partage des bois... entre les seigneurs, officiers, syndics, députés ou particuliers habitants *sans que les juges ordinaires des lieux en puissent connaître.* » Si, par exception et à cause des distances, les juges ordinaires des lieux peuvent recevoir le serment et le rapport des gardes forestiers, ce n'est qu'en matière de délits ou abus, et avec obligation de se conformer, pour l'instruction et le jugement, aux formes prescrites au sujet des délits et abus commis dans les forêts royales. Sont seuls réservés à la connaissance des juges ordinaires, baillis, sénéchaux, etc., par l'article 10 du titre Ier en ce qui concerne les bois de communautés d'habitants, les actions directement et principalement intentées pour raisons de la propriété, c'est-à-dire les questions que nous nommons aujourd'hui de droit civil.

Pour toutes les autres et d'une manière générale, défense formelle est faite à tous les juges ordinaires quelconques, même au grand conseil, même aux cours de parlements, d'en connaître ; défense formelle est faite aux communautés d'habitants et particuliers de les en saisir, le tout à peine de nullité de la procédure et d'amende contre les parties.

Et pour être bien sûr que les officiers forestiers, dont l'énumération fait l'objet des titres II et suivants, connaîtraient à fond leurs droits et leurs devoirs, et ne permettraient pas qu'on empiétât sur leurs charges et attributions, Colbert a voulu qu'avant d'être reçu dans un office de judicature forestière, le candidat subît un examen particulier sur tout ou partie de l'édit de 1669, selon l'emploi sollicité.

Mais il ne suffit pas de constater quelles étaient, à cet égard, les décisions du pouvoir souverain ; il convient de rechercher à quelles préoccupations il cédait en légiférant comme il l'a fait.

Le droit à l'affouage communal, à cause même de ses origines, est d'un genre tout particulier ; on a voulu parfois, mais à tort, l'assimiler à un droit d'usage ordinaire. Cette erreur provient de ce que, dans le langage de l'ancien droit, il était qualifié « usage », non pas dans le sens restreint que nous donnons aujourd'hui à ce mot, mais dans celui du droit romain, *jus utendi,* et encore convient-il de remarquer que ces mots ne doivent pas être compris dans leur acception la plus large.

Dans un pays où le droit romain a fourni la plus grande partie de sa terminologie à la langue juridique, il est facile de comprendre que le mot « usage », traduction du latin *jus utendi,* ait été adopté. Mais le pouvoir royal avait, lors de l'édit de 1669, compris depuis longtemps que cet « usage » ne pouvait être assimilé aux autres droits portant cette dénomination, parce qu'il s'exerçait sur une chose faisant partie intégrante de la richesse du pays, quel que fût le propriétaire de cette chose. Cela ressort tant du préambule que des divers titres de l'édit.

L'origine de la propriété que les communautés avaient sur certains bois et forêts (art. 4 et 5 du titre XXV), l'impérieuse obligation de veiller à la conservation de la richesse forestière de la France, qui avait menacé de disparaître par de séculaires dilapidations, la nécessité de respecter les droits collectifs ou individuels provenant de titres ou concessions anciennes, l'intérêt qu'avaient, à la fois, les communautés et le pouvoir royal de ne laisser exercer le droit à l'affouage que par ceux qui pouvaient légitimement y prétendre, faisaient que l'ensemble de ces questions avait un caractère essentiellement administratif. D'un autre côté, le droit à l'affouage est généralement exercé par des gens peu fortunés ; il était donc important de leur éviter, en cas de contestations, les frais considérables de la justice ordinaire. Enfin, l'objet même du droit à l'affouage étant, pour les habitants, de se procurer du bois de chauffage (et, autrefois, du bois de construction), il y avait un intérêt majeur à soustraire les réclamants aux lenteurs des procès qui se déroulaient devant les magistrats dont l'édit (titre Ier, art. 14) fait la longue énumération : prévôts, châtelains, viguiers, baillis, sénéchaux, présidiaux, consuls, gens des requêtes de l'hôtel et du palais, grand conseil et cours de Parlement.

L'Assemblée nationale, cependant, préoccupée du désir d'affirmer en toute matière le principe de la séparation des pouvoirs, crut qu'il pourrait y avoir des inconvénients à ce qu'une même administration fût à la fois juge et partie ; elle supprima donc la juridiction spéciale des eaux et forêts, par le décret des 7-11 septembre 1790, et remit ses attributions aux tribunaux de district, qui furent chargés de connaître de toutes les infractions aux lois forestières.

Dans cette dévolution, le législateur entendait surtout comprendre la poursuite des crimes et délits forestiers ; mais il ne fit aucune distinction et, comme la juridiction créée par l'édit de 1669 se trouvait supprimée, la connaissance des autres litiges, parmi lesquels figurent les questions relatives à l'affouage communal, passa aux tribunaux de district.

Peu de temps après, l'Assemblée rendit, les 19-25 décembre 1790, un décret, dont l'article 10 dispose que le triage des papiers et minutes de l'administration des eaux et forêts serait opéré, celle-ci conservant seulement les documents administratifs, et que les pièces concernant l'exercice de la juridiction seraient remises au commissaire du tribunal du district.

Si l'on peut admettre que la monarchie avait remis à tort à ses officiers la charge de poursuivre et de juger les crimes et délits forestiers, il n'est pas excessif de penser que l'Assemblée nationale a été trop loin, à son tour, en supprimant la juridiction spéciale et en donnant aux tribunaux ordinaires le soin de connaître de questions administratives.

Le décret des 15-29 septembre 1791 vint remplacer l'édit de 1669 et réorganisa complètement l'administration des eaux et forêts. Ce document est muet sur les actions judiciaires en matière d'affouage : le titre IX ne traite que de la poursuite des délits et malversations. Le titre XII, relatif aux bois communaux, ne vise qu'incidemment le partage en nature des coupes ordinaires (art. 10), sans rien spécifier d'ailleurs quant au mode de partage et à l'aptitude personnelle des prétendants droit. Il en résulte que l'Assemblée nationale a implicitement confirmé son décret du 21 mai 1790, lequel n'apportait aucun changement à la manière dont les bois communaux en usance devaient être distribués entre les ayants droit. Par conséquent, les tribunaux durent s'en référer aux coutumes locales, aux titres ou concessions que les particuliers et les communautés d'habitants pouvaient faire valoir quant au mode de partage, à l'aptitude personnelle et à la quotité de distribution.

L'Assemblée législative, la Convention et le premier Empire ont essayé de réglementer ces diverses questions, mais il faut reconnaître qu'aucune de leurs décisions, dont la multiplicité et la contradiction ont eu pour résultat de ramener les communautés à l'application des anciennes coutumes, n'a précisé leur caractère administratif. Pourtant l'édit de 1669 était toujours appliqué, malgré le décret de 1791, par les tribunaux, par le Conseil d'État et par le souverain lui-même ; les tribunaux ordinaires statuaient aussi d'après les dispositions d'un texte qui le leur interdisait formellement. Cette situation singulière ne paraît, toutefois, avoir attiré l'attention de personne.

Est-ce à dire qu'il aurait fallu rétablir la juridiction spéciale de l'édit de 1669 ou en créer une nouvelle ? Nullement. La loi du 10 juin 1793, section V, donnait des attributions judiciaires au directoire du département, appelé à trancher les contestations relatives au mode de partage des biens communaux. Je reviendrai sur ce point. Quelques années après, la loi du 28 pluviôse an VIII créait les conseils de préfecture et la loi du 9 ventôse an XII attribuait à ces tribunaux la connaissance des différends soulevés par le partage des biens communaux.

Mais que doit-on entendre par l'expression qu'a employée le législateur de 1793, « mode de partage des biens communaux » ? Cette question a soulevé bien des controverses et, jusqu'en 1850, le Conseil d'État et la Cour de cassation ont revendiqué, chacun pour la juridiction qu'ils représentaient, la compétence sur les questions d'aptitude personnelle à l'affouage, le Conseil d'État voulant qu'elles fussent comprises dans l'expression « mode de partage » et dévolues aux tribunaux administratifs, la Cour suprême soutenant que ceux-ci ne pouvaient statuer que sur les contestations relatives au mode de jouissance adopté. De même la doctrine s'est partagée : tandis que des auteurs tels que Migneret, Cormenin et Dalloz se prononçaient dans le sens de la Cour de cassation, Proudhon et Serrigny appuyaient la doctrine du Conseil d'État.

Quoi qu'il en soit, en 1850, le Tribunal des conflits, qui venait d'être institué, fut saisi de cette question, controversée depuis plus d'un demi-siècle et, ainsi que l'a constaté M. le procureur général près la cour de Besançon, il a décidé en faveur de la Cour de cassation et reconnu que les questions d'aptitude personnelle à l'affouage n'étaient pas comprises dans les questions de mode de partage dévolues à la juridiction administrative par l'article 2 du titre V de la loi du 10 juin 1793.

Le Conseil d'État s'est incliné devant cette sentence et, pendant vingt ans, il a conformé sa jurisprudence à la règle tracée par le Tribunal des conflits.

Parlant de cette situation dans son *Traité de la juridiction administrative* (t. I, p. 525), M. Laferrière s'exprime ainsi : « Mais cette jurisprudence n'alla pas sans soulever, dans la pratique, des réclamations et des difficultés. Les parties intéressées et l'administration se plaignirent de la complication des instances, des lenteurs et des frais qu'occasionnait le renvoi de toutes les questions d'aptitude aux tribunaux judiciaires ; plusieurs conseils de préfecture, en présence de ces inconvénients vivement ressentis par les habitants des campagnes, revinrent d'eux-mêmes à l'ancienne jurisprudence du Conseil d'État. Celui-ci la fit revivre à son tour, d'abord implicitement et en statuant en appel sur des questions d'aptitude jugées par les conseils de préfecture, puis explicitement en rejetant le grief d'incompétence relevé contre leurs décisions. »

Si le préfet de la Haute-Saône, dans son déclinatoire du 14 mars dernier, a visé seulement l'arrêt du Conseil d'État du 8 avril 1892, ce fonctionnaire aurait pu citer, à l'appui de sa théorie, des décisions antérieures de la même assemblée, telles que celles des 26 novembre 1875 (Durdos) ; 4 août 1882 (Hardelin) ; 22 mai 1885 (Cerf) ; 8 juin 1883 (Vve Laurent) et d'autres encore.

Dans ses conclusions, adoptées par la cour de Besançon, M. le procureur général a fait valoir que l'arrêt du 8 avril 1892, invoqué par le préfet, n'était pas applicable à la contestation pendante, parce qu'il statuait, non pas sur une question d'aptitude à la jouissance affouagère, mais sur une question d'imposition à la taxe d'affouage : cette distinction ne peut être adoptée sans réserve. Si l'on se reporte, en effet, aux conclusions développées par le commissaire du Gouvernement près le Conseil d'État (Lebon, 1892, p. 359 et suiv.), on voit que les questions d'aptitude personnelle et de compétence à cet égard sont nettement posées et longuement discutées.

En outre, que demandait le requérant de 1892 ? Il arguait que le conseil municipal avait établi trois catégories parmi les ayants droit à l'affouage, et soumis chacune d'elles à une taxe progressivement plus élevée ; il disait que, demeurant dans la commune de Lucérame pendant toute l'année et y ayant ses propriétés, il jouissait de l'aptitude personnelle à l'affouage dans la catégorie la moins imposée. C'était bien là une question de domicile selon l'article 105 du Code forestier ; celle de la taxe n'était qu'incidente, tout en paraissant être la principale. Dans tous les cas, le litige ne portait pas sur le mode de partage de l'affouage dans le sens restreint que la cour de Besançon a entendu donner à cette expression.

La décision du Conseil d'État me paraît, d'ailleurs, catégorique. La haute assemblée a examiné quel était, en réalité, le domicile affouager du demandeur ; elle a reconnu son droit personnel à l'affouage, mais en jugeant qu'il rentrait dans la catégorie des affouagistes les plus fortement taxés par le conseil municipal.

Au surplus, postérieurement à l'arrêt de la cour de Besançon, le 8 mai dernier, le Conseil d'État a rendu, dans une instance engagée entre le sieur Leguillon et la commune de Vouhenans (Haute-Saône), une décision dont je crois devoir reproduire les considérants suivants :

« Considérant qu'aux termes de l'article 105 du Code forestier, sera considéré comme chef de famille ou de maison tout individu possédant un ménage ou une habitation à feu distinct, soit qu'il y prépare la nourriture pour lui et les siens, soit que, vivant avec d'autres à une table commune, il possède des propriétés divisées, qu'il exerce une industrie distincte, ou qu'il ait des intérêts séparés ;

« Considérant que, si le sieur Leguillon habite la même maison que son gendre, il résulte de l'instruction que c'est en vertu d'un bail ; que, d'ailleurs, il possède dans cette maison une habitation à feu distinct ; que ses propriétés dans la commune et celles de son gendre sont divisées ; qu'il n'exerce pas la même profession que ce dernier et qu'il a des intérêts séparés ; que, dès lors, il doit être considéré comme chef de famille et que, par suite, c'est à tort que les arrêtés ci-dessus visés du conseil de préfecture ont rejeté ses demandes tendant à obtenir, dans la commune de Vouhenans, la délivrance d'une portion d'affouage... »

Il n'existe, dans cette dernière affaire aucune équivoque : le sieur Leguillon, prétendant avoir l'aptitude personnelle à l'affouage dans la commune de Vouhenans, a porté sa demande devant le conseil de préfecture de la Haute-Saône ; ce tribunal administratif ne lui ayant pas donné gain de cause, il a interjeté appel devant le Conseil d'État. La haute assemblée a examiné, dans tous ses détails, la situation du sieur Leguillon, en la comparant successivement avec chacune des dispositions de l'article 105 du Code forestier ; elle a reconnu que le requérant réunissait les conditions requises pour être considéré comme chef de famille ou de maison et, en conséquence, elle a décidé qu'il était en droit de revendiquer la délivrance d'un lot d'affouage.

C'est donc très nettement que le Conseil d'État, persistant dans la voie où il s'est engagé depuis 1870, a abandonné la jurisprudence que le Tribunal des conflits avait cru devoir adopter au début de ses travaux ; c'est en pleine connaissance de cause que le Conseil d'État a affirmé de nouveau la compétence de la juridiction administrative en pareille matière et cette doctrine me parait absolument fondée.

§ 2.

La théorie opposée me semble contraire à l'exacte interprétation des textes qu'elle invoque et l'erreur ainsi acceptée par les tribunaux et par certains auteurs, des plus autorisés d'ailleurs, résulte de la répercussion de l'inadvertance commise par l'Assemblée nationale quand elle a pris son décret des 7-11 septembre 1790.

La distinction entre le mode de partage et l'aptitude personnelle des prétendants droit à l'affouage ne résulte d'ailleurs que de la jurisprudence : elle n'existe pas dans le décret de 1793. Bien plus, elle ne pouvait s'y trouver, parce que ce décret a considéré les questions d'aptitude des habitants comme faisant partie intégrante du mode de partage.

En effet, l'acte du 10 juin 1793 est intitulé : « Loi qui détermine le mode de partage des biens communaux (Lois et actes du Gouvernement, t. VII, p. 121). C'est un titre général et l'on doit, à mon avis, admettre que, dans la pensée du législateur, toutes les règles énumérées sous cette rubrique sont relatives au mode de partage, soit que celui-ci doive être effectivement fait, soit que les communes, usant de la faculté qui leur était donnée par l'article 12 de la section III, décident « qu'un bien communal continuera à être joui en commun. »

La première section de la loi donne la définition du bien communal et de la communauté d'habitants ; elle indique quels seront les biens qui pourront être partagés et ceux qui ne le seront pas : ce sont les bois (art. 4) et les voies publiques, édifices, remparts, rivages, etc. (art. 5, etc.). La section II précise comment sera fait le partage, en fixant l'aptitude personnelle de ceux qui seront appelés à y participer : cette partie est spéciale au mode de partage en nature entre les habitants, et s'il a été prévu plus loin que des contestations pussent se produire, ce ne pouvait être que sur cette réglementation même, puisque l'article 15 dispose : « Tout acte ou usage qui fixerait une manière de procéder au partage des biens communaux ou patrimoniaux, différente de celle portée par le présent décret, sera regardé comme nul et de nul effet, et il sera procédé au partage dans les formes prescrites par le présent décret. »

D'autre part, l'article 2 de la section V stipule que « toutes les réclamations qui pourront s'élever à raison du mode de partage des biens communaux » seront jugées sur simple mémoire par la juridiction administrative. Pour arriver à dénier à celle-ci la compétence en matière d'aptitude personnelle à l'affouage, il a fallu admettre que les expressions « manière de procéder au partage » et « mode de partage » ne sont pas exactement synonymes. Toute la thèse, si savante qu'elle soit d'ailleurs, des partisans de cette doctrine a pour point de départ cette distinction.

Mais, si l'on s'en tient aux mots, le texte même de la loi donne raison au Conseil d'État. Les adversaires de la compétence des tribunaux administratifs soutiennent que, par mode de partage, on doit entendre les « formes » dans lesquelles ce partage est effectué : or, que dit l'article 15 de la section II ? Il exige que, malgré acte ou usage contraire, le partage soit fait « dans les formes prescrites par le présent décret ». La place de ce texte indique bien que les formes dont il s'agit sont celles énumérées dans les articles précédents, relatifs à l'aptitude personnelle ; s'il s'était agi des formes purement administratives du partage, cette disposition aurait été inscrite dans la section suivante, qui traite spécialement de cette question. Par conséquent, même à ce point de vue, il est arbitraire, à mon sens, de soutenir que le législateur de 1793 a réellement entendu établir une distinction entre les mots : « manière de procéder », « mode et formes ».

Je trouve un autre argument dans la section V, dont les rédacteurs ont pris soin de faire une différence bien tranchée, au sujet des différends à prévoir, entre les contestations à raison du mode de partage, d'une part, et, d'autre part, les procès ayant pour objet les biens eux-mêmes ou les démembrements du droit de propriété. Il n'est pas inutile, à cet égard, d'examiner avec quelque détail les articles 3, 4 et 5 de cette section.

L'article 3 vise les procès nés ou à naître entre les communes et les propriétaires, à raison des biens communaux ou patrimoniaux, soit pour droits, usages, prétentions, demandes ou rétablissement dans les propriétés dont les communes ont été dépouillées par la puissance féodale, ou autres réclamations généralement quelconques ; — l'article 4 parle des procès nés ou à naître entre deux ou plusieurs communes, à raison de leurs biens communaux ou patrimoniaux, qu'ils aient pour objet la propriété ou la jouissance desdits biens ; — l'article 5 s'occupe des actions exercées ou à exercer par les communes contre des citoyens, pour des usurpations, partages illicitement faits, concessions, défrichements, desséchements et généralement pour toutes les contestations qui auront pour objet les biens communaux ou patrimoniaux. Ces trois articles sont donc spéciaux aux différends que les communes peuvent avoir, soit avec les propriétaires des biens revendiqués par elles, soit entre elles, soit avec leurs propres habitants, mais seulement lorsqu'il s'agit de questions de droit civil, ayant pour objet direct le bien lui-même. En ce qui concerne ces procès, les articles 6 et suivants fixent la procédure à suivre, laquelle, bien que moins longue et moins coûteuse que la procédure actuelle devant nos tribunaux, était néanmoins, la plupart du temps, hors de proportion avec l'objet de la réclamation d'un affouagiste qui demande la délivrance d'un lot de bois.

Il me paraît donc démontré que la loi de 1793, en sa section V, a eu pour objet de statuer sur tous les différends quelconques pouvant surgir au sujet du partage des biens communaux et qu'elle a entendu, sauf les exceptions des articles 3, 4 et 5, attribuer à la juridiction administrative la connaissance de toutes les contestations d'ordre secondaire — le mot contestation étant opposé aux mots procès et actions — relatives à tout ce qui concerne le mode de partage, déterminé par la section II, laquelle est presque tout entière consacrée à l'aptitude personnelle des prétendants droit.

§ 3.

La théorie des partisans de la compétence exclusive des tribunaux ordinaires peut se résumer ainsi : « L'aptitude personnelle à l'affouage est basée sur une question de domicile ; or cette question, de pur droit civil, échappe à la compétence de la juridiction administrative. Les conditions accessoires déterminées par l'article 105 nouveau du Code forestier, comme conférant le droit à l'affouage, ne sont que des modalités du domicile, qui reste la base même du droit. »

Cette opinion me paraît erronée.

En effet, le domicile réel et fixe, mentionné par l'article 105 du Code forestier, n'est pas identique au domicile de l'article 102 du Code civil. Ainsi que le fait remarquer M. Laferrière, dans l'ouvrage déjà cité, ce domicile réel et fixe est une résidence effective et permanente plutôt qu'un domicile légal. Cet auteur cite l'opinion de M. Serrigny, qui disait à ce sujet : « C'est un domicile d'une nature particulière, que la loi qualifie de *réel et fixe*, de sorte que les décisions rendues en cette matière n'ont aucune espèce d'autorité de chose jugée lorsqu'il s'agit d'examiner le domicile sous le rapport de ses autres effets légaux. »

J'ajoute que le domicile affouagiste, pour employer une expression abrégée, est du même genre que le domicile électoral municipal, c'est-à-dire un domicile administratif : or, lorsqu'il s'agit d'examiner l'éligibilité d'un candidat au conseil municipal, par exemple parce qu'il est ou n'est pas inscrit au rôle des contributions directes, ou parce qu'il justifie ou ne justifie pas qu'il devait y être inscrit au 1er janvier de l'année de l'élection, il n'est jamais venu à la pensée de personne de soutenir qu'il y eût là une question préjudicielle d'état, à faire trancher par le tribunal civil, avant que le tribunal administratif puisse se prononcer sur l'élection. Il en est de même lorsqu'il s'agit de trancher la question de savoir si tel candidat élu doit être considéré comme conseiller résidant dans sa commune ou comme conseiller forain. Dans les deux cas, le domicile résulte de circonstances de fait que la juridiction administrative est à même de connaître et d'apprécier plus aisément que la juridiction ordinaire et qu'elle apprécie sans que cette question ait, jusqu'ici, soulevé des difficultés de compétence.

§ 4.

Au point de vue pratique, la solution contraire entraînerait des lenteurs, sur lesquelles il convient d'attirer l'attention, si l'on suivait la procédure que la cour de Besançon indique dans son arrêt. Ces lenteurs résultent des prescriptions des articles 124 et 125 de la loi du 5 avril 1884 et il se produirait, à ce propos, une anomalie sur laquelle je crois devoir appeler l'attention du Tribunal des conflits.

Quand il s'agit de plaider contre une commune devant les tribunaux ordinaires, le demandeur produit un mémoire dans lequel il doit faire connaître, avec certains détails, l'objet de sa réclamation et des moyens, puisque c'est après examen de ce document que le conseil de préfecture décide s'il y a lieu ou non d'autoriser la commune à plaider. Par conséquent, le conseil de préfecture doit, préalablement, se rendre compte de la situation respective des parties, de la légitimité ou du mal-fondé de la réclamation, de la valeur des moyens invoqués, en un mot instruire au moins sommairement l'affaire, afin de pouvoir apprécier si la commune a chance d'avoir gain de cause. Ne serait-il pas plus logique et plus conforme à l'esprit de la loi de 1793 que le conseil de préfecture pût instruire l'affaire jusqu'au bout et juger lui-même la cause, au lieu d'obliger le demandeur, après un délai déjà assez long, à la porter devant un tribunal où elle subira de nouveaux retards et où elle occasionnera, soit à lui-même, soit à la commune, selon les chances du procès, des frais souvent hors de proportion avec la valeur de la chose litigieuse ? Je crois devoir, à ce propos, rappeler l'opinion émise par Dalloz (*J. G.*, 1850, t. II, 49), qui est un des principaux adversaires de la compétence administrative en la matière ; cet auteur s'exprime ainsi : « On doit désirer que le législateur intervienne pour soumettre les contestations relatives aux distributions affouagistes à une juridiction rapide et peu coûteuse, si l'on ne veut pas que les habitants des communes préfèrent le sacrifice de leurs droits au dispendieux avantage que peut leur procurer le gain d'un procès accompagné de procédures dont, presque toujours, les frais absorberont au delà de la valeur de ces droits. »

Ce que dit Dalloz des prétendants droit à l'affouage peut être dit, avec la même raison, des communes elles-mêmes. Les conseils municipaux, soucieux des intérêts qu'ils représentent, peuvent être portés à accueillir une réclamation contestable, plutôt que d'engager la commune dans un procès qui, si elle perd, mettra à la charge des habitants des frais bien supérieurs à la valeur de la portion d'affouage revendiquée.

En résumé, Monsieur le Président, j'estime que la jurisprudence adoptée par le Tribunal des conflits en 1850 repose sur une interprétation inexacte de la loi du 10 juin 1793 ; cette jurisprudence, appliquée pendant vingt ans par le Conseil d'État, a produit de sérieux inconvénients et la preuve me semble faite aujourd'hui qu'il convient de reconnaître à la juridiction administrative la connaissance de toutes les contestations, en matière d'affouage, résultant de l'article 105 du Code forestier. J'estime même qu'il n'est pas nécessaire de faire intervenir le législateur et que le Tribunal des conflits, s'inspirant des termes et de l'esprit des textes législatifs qui lui sont soumis, doit faire cette dévolution en fixant aujourd'hui la jurisprudence dans le sens que j'ai eu l'honneur d'indiquer.

III.

Le mémoire ministériel, n'ayant à traiter que la question administrative, a dû rechercher seulement quelle était la première trace réelle d'une réglementation sur la question débattue ; c'est incidemment qu'il a reconnu que François Ier avait suivi l'impulsion donnée par ses prédécesseurs et avait obéi à la même préoccupation de ne pas attribuer à la magistrature ordinaire la connaissance des questions de toute nature concernant les eaux et forêts; c'est plus incidemment encore qu'il a constaté que l'affouage[1] est un des plus anciens droits qui existent en France.

Il n'est pas sans intérêt de rechercher dans notre histoire la confirmation des affirmations ministérielles sur ces deux points.

Si loin qu'on remonte, on retrouve la trace du droit d'affouage, c'est-à-dire du droit des particuliers de prendre et par la suite de recevoir une part des produits forestiers pour leur usage personnel.

A l'origine, alors que les bois et forêts n'étaient, pour la plupart, soumis à aucun droit de propriété particulier, tout habitant avait la faculté d'aller couper lui-même la quantité de bois qui lui était utile pour ses constructions ou son chauffage. C'était ce qu'on nommait *sylva communis,* c'est-à-dire « forêt commune » et non pas « forêt communale ». Bien plus, il était permis de défricher, pour son propre compte, une partie de la *sylva communis,* ainsi que le prouve le Code burgundien[2].

D'ailleurs, chez presque tous les peuples de la Gaule, qu'ils fussent indigènes ou qu'ils eussent été d'abord mêlés aux Romains, puis dominés par les Germains envahisseurs, toute forêt était commune en ce

---

1. D'après Littré, le mot « affouage » vient du bas-latin *affoagium,* du verbe *affocare* qui signifiait : mettre au foyer.

2. Lex Burgundia, XIII. — « Si quis, tam Burgundio quam Romanus, in sylva communi exartum fecerit, aliud tantum spatii de sylva hospiti suo consignet, et exartum, quem fecit, remota hospitis communione possideat. »

qui concernait les produits inférieurs ou secondaires. Il semble bien que ce soit là l'origine du droit d'affouage, qui s'est perpétué, en se modifiant, à travers les âges.

La fameuse loi Gombette donne à tout homme libre, non propriétaire de bois, le droit de s'approvisionner dans la forêt d'autrui, sauf à respecter les arbres à fruits[1]; elle interdit au propriétaire de la forêt de s'opposer à l'exercice de ce droit et, s'il enfreint cette interdiction, elle édicte contre lui une forte pénalité[2]. La loi salique était plus favorable encore à celui qui ne possédait pas de forêt : non seulement elle lui permettait, comme la loi bourguignonne, de prendre, en bois mort et mort-bois, tout ce dont il aurait besoin, mais elle l'autorisait encore à s'approprier les arbres sur pied que le propriétaire de la forêt n'avait pas marqués comme réservés pour lui-même[3].

Malgré l'anarchie et les désordres qui désolèrent la France pendant les siècles ultérieurs, bien que les lois, Gombette et autres, fussent tombées en désuétude, ensevelies sous l'arbitraire des seigneurs féodaux, le droit d'affouage persista, avec des fortunes diverses, selon les temps et les lieux, et, dès le jour où les communautés d'habitants commencèrent à se constituer, elles firent donner à leurs collectivités, par chartes seigneuriales ou autrement, les droits d'usage des bois, qui avaient été exercés jusqu'alors par les hommes, *ut singuli*. Là où manquait l'autorisation seigneuriale, là où elle était incomplète ou mal réglementée, la coutume s'introduisit, sanctionnant le droit d'affouage, lui donnant, en chaque circonstance, une force nouvelle, et la tradition s'en est conservée jusqu'à nos jours, puisque l'article 105 du Code forestier, modifié depuis quelques années seulement[4], débutait ainsi : « S'il n'y a titre ou usage contraire.... »

Mais, soit du fait des particuliers, soit du fait des communautés, les abus se firent jour ou, pour mieux dire, ce qui avait été un usage sans

---

1. Lex Burgundia, XXVIII. — « Si quis Burgundio aut Romanus sylvam non habeat, incidendi ligna ad usus suos de jacentivis et sine fructu arboribus in cujuslibet sylva habeat liberam potestatem; neque ab illo, cujus sylva est, repellatur. »

2. *Loc. cit.* — « Si quis vero quemquam de jacentivis et non fructiferis arboribus lignum usibus suis necessarium præsumere fortasse non permiserit, ac si ei pignora tulerit, restitutis in triplum pignoribus, inferat mulctæ nomine, solidos sex. »

3. Dalloz, *Répertoire de législation*, v° *Forêts*, n° 18, § 2.

4. Loi du 28 novembre 1883.

conséquences fâcheuses du temps de Gondebaud, de Charlemagne ou
de Louis le Débonnaire, aux époques où la France était couverte de
forêts plutôt trop vastes, devint un abus lorsque la population aug·
menta, en même temps que les étendues boisées diminuaient.

Il fallut donc, un peu partout, réglementer le droit d'affouage, que
nulle part on ne songea à supprimer, tant il paraissait faire partie du
droit naturel. Cette réglementation, au surplus, ne pouvait avoir aucun
caractère général, puisque le pouvoir était disséminé entre un grand
nombre de personnes et qu'il n'existait aucune puissance centrale de
laquelle elles relevassent, au point de vue administratif. Les seigneurs
laïques, les abbés, les rois eux-mêmes, sentirent peu à peu la nécessité
de mettre un frein aux déprédations commises par les affouagistes dans
les bois et forêts de leurs domaines respectifs. On commença, bien
timidement d'ailleurs, par prescrire que l'usager serait tenu de sollici-
ter une autorisation du gardien de la forêt[1] ou, du moins, de le pré-
venir[2], avant de couper le bois ; mais cette obligation demeurait sans
sanction réelle, sauf parfois une amende, à laquelle les règlements
eux-mêmes indiquent les moyens de se soustraire.

La coutume du Nivernais astreignait simplement les affouagistes à
faire marquer par le gardien de la forêt les arbres dont ils avaient besoin ; si le gardien ne déférait pas à leur réquisition, ils pouvaient se
passer de son consentement. La coutume de Lorraine était presque
identique, plus tolérante encore[3], puisqu'elle n'obligeait pas les affouagistes, comme la précédente, à faire au propriétaire forestier, ou à son
représentant, sommation en justice de satisfaire à leur demande, avant
de pouvoir exercer librement leur droit sans risque d'amende[4].

Nous avons dit que ces tentatives de réglementation étaient bien
timides et les textes que nous citons en donnent d'autant mieux la

---

1. Règlement de 1144 pour les bois de l'abbaye de Marmoutier (Alsace) : « Om-
nes qui aliquid incidere cupiunt similiter a custode potere debent. »

2. Coutumes du Val de Rosemont.

3. Cout. de Lorr. tit. 15, art. 25 : « Aussi étant, par l'usager ou de sa part,
l'assignat demandé pour bois de marronage, on est tenu de bailler dans vingt-
quatre heures, à faute de quoi pourra ledit usager en aller couper ou faire couper, sans reprise. »

4. Cout. du Niv., chap. 17, art. 14 : « Et si lesdits usagers requièrent la marque
et délivrance audit seigneur ou son forestier ou commis, s'il est refusant ou di-
layant, ils le pourront sommer en justice ou par-devant notaire et, ce fait, huit
jours après, pourront user de leurs usages franchement, sans péril d'amende. »

preuve qu'il ne s'agissait que des bois à couper. Quant au droit d'affouage pour le bois mort et le mort-bois, il était resté intact, ce qui ne
laissait pas que de constituer encore une cause de péril pour l'existence
des forêts, étant donné qu'il s'exerçait concurremment avec le droit de
dépaissance, par des populations habituées, depuis des siècles, à toutes
les déprédations.

Les rois de France furent aussi contraints, pour les mêmes motifs,
mais avec les mêmes restrictions, de s'inquiéter des dommages causés
dans les bois de la Couronne ; mais ce qui éveillait alors leur sollici-
tude était le souci de conserver un gîte au gros et menu gibier, bien
plus que de sauvegarder la richesse forestière proprement dite. Quoi
qu'il en soit, le résultat étant le même, bien que la cause fût différente,
les ordonnances royales, sur ce point, ne sauraient être passées sous
silence, surtout la première, en date de 1280, due à Philippe le Hardi,
de laquelle il semble résulter que, dans les forêts royales, les usagers
ne pouvaient se servir eux-mêmes, mais devaient demander et obtenir
du forestier livraison du bois dont ils avaient besoin [1]. Cette ordonnance de 1280 a, au surplus, cela de remarquable, qu'elle consacre
expressément, non seulement les privilèges pouvant exister sur les forêts royales, mais encore le droit d'affouage proprement dit. Ceci nous
permet de constater, une fois de plus, qu'à aucune époque de notre
histoire, le droit d'affouage n'a été contesté, même par les seigneurs
féodaux ou princes, dont le pouvoir absolu se donnait si aisément car-
rière à d'autres égards.

Et pourtant, peu à peu, les déprédations augmentant de jour en
jour, il avait été nécessaire de constituer, au moins dans les bois de la
Couronne, une véritable administration forestière et le roi François Ier
se vit contraint de réglementer, un peu plus sévèrement que par le
passé, le droit d'affouage, par son ordonnance du mois de mars 1515,
dont les articles 46 et 47 [2] tendent non seulement à restreindre les abus,

---

1. Aux usagers des forests du roy, seront faites livrées en lieux propres et
commodes ; et si ès dites livrées ne se trouve marreur ou matière et bois nécessaire audit usage à suffisance, leur en sera délivré ailleurs ès dites forests par les
forestiers, sans préjudice de leurs privilèges, si aucuns en ont.

2. Art. 46 de l'ordonnance de 1515 : « Quant aux usagers qui ont droict et
coutume de prendre bois ès forests, pour ardoir ou pour édifier..... (comme nous
ne voulons, à chacun donner, sans cause, empeschement, ny aussi par malusage
nostre domaine être péry) soient les maîtres diligents de voir leurs titres et en-
quérir de leurs possessions, la manière d'user, de l'estat de la forest, et ce qu'elle

mais encore à empêcher les officiers forestiers de se montrer trop indulgents envers les délinquants. Cette ordonnance reconnaît explici-tement le droit d'affouage et les coutumes qui le concernaient, mais elle apporte ou consacre d'importantes restrictions à la liberté presque illimitée des temps antérieurs.

Elle oblige les affouagistes à faire preuves de leurs titres devant les officiers-maîtres des forêts, à qui elle impose l'obligation de s'enqué-rir de la manière dont le droit d'affouage est exercé et de l'état de la forêt; elle restreint l'exercice de ce droit aux personnes qui le pos-sèdent réellement, aux bois qui en sont grevés et à l'état même de la forêt.

Il paraît que les abus persistèrent malgré cette réglementation, puisque, trois ans après[1], François Ier dut édicter des peines à l'égard des contrevenants : c'est la première apparition, d'une restriction pé-nale à l'exercice du droit d'affouage. Il paraît aussi que les dilapida-tions mettaient en véritable péril l'existence même de la richesse fo-restière de la France, puisque le prince crut devoir autoriser ses sujets[2] possesseurs de forêts, à faire application sur leurs domaines propres, de l'ordonnance de 1518, pour réprimer les abus. C'est la première tendance vers une réglementation générale sur la matière, en même temps que la preuve que la propriété forestière s'était divisée en un grand nombre de mains. Cette tendance a trouvé sa consécration dans l'édit du même prince, du mois de décembre 1543, en vertu du-quel les règles et pénalités prescrites sur l'exercice du droit d'affouage dans les forêts de la Couronne, devinrent exécutoires pour toutes les forêts du royaume, quel qu'en fût le propriétaire. Ainsi que le dit le mémoire ministériel que nous avons reproduit, cette ordonnance éta-blissait en outre les juridictions appelées à connaître des contestations

---

peut souffrir : et ceux qui auront à outrage abusé, ne soient pas laissez jouyr, et les autres soient soufferts par attrempance prise, s'il le convient, selon la possi-bilité des forests et la qualité des personnes. »

Art. 47 : « Item, semblablement les maistres, sur les peines de devant, ne pour-ront donner congé ou licence à un homme usager ou coustumier, d'ardoir ne user de bois....., autre part qu'au lieu pour raison duquel il prend et perçoit ledict usage et coustume. »

1. Ordonnance de janvier 1518.

2. Article 30 de l'ordonnance de 1518 : « ..... Les princes, prélats, églises, sei-gneurs, nobles, vassaux et autres, ses sujets..... si bon leur semblait..... »

sur la matière et décidait que celles-ci seraient portées en appel devant les autorités relevant du trône.

Cet édit a donc une importance générale extrême ; au point de vue spécial qui nous occupe, son importance n'est pas moindre, puisqu'il reconnaît aux communautés le droit de posséder bois et forêts, qu'il soumet aux mêmes règles que les autres [1].

Certaines ordonnances postérieures, en réglementant d'une manière encore plus serrée le droit d'affouage, ont reconnu que ce droit pouvait appartenir à des communautés d'habitants sur des forêts royales [2].

L'affouage communal existe donc dès lors : d'une part, la commune ou communauté d'habitants peut avoir droit d'affouage sur des forêts de la Couronne et, par conséquent, sur d'autres ; d'autre part, elle peut être propriétaire de forêts, auxquelles est applicable la réglementation édictée, en matière d'affouage, par les ordonnances royales dont nous avons parlé. La commune ne pouvait être nantie de la propriété des bois et forêts que du fait des seigneurs, qui en avaient été les premiers propriétaires, et ceux-ci avaient pu concéder ces bois et forêts à la communauté d'habitants, soit par libéralité gratuite, soit à titre onéreux, moyennant paiement ou sous certaines charges de cens, redevance, prestation, etc. C'est ce qui résulte nettement de l'édit de Louis XIV, du mois d'août 1669 [3].

Cet édit fameux, qui jusqu'en 1827 a été le Code forestier de la France, a réglementé [4] l'administration, l'aménagement, les coupes des

---

1. Édit de 1513, art. 1er : « ..... Statuons et ordonnons, voulons et nous plaist, par ces présentes, pour la conservation desdits bois et forests de nosdits subjects, que tous les prélats, princes, nobles, *communautez*, et autres nos subjects ayans forests..... en nostre dit royaume..... »

2. Ordonnance de Henri II, en février 1554, art. 29 : « Combien qu'aucuns habitans et *communautez* de nostre royaume, ayant droit d'usage en nos forests, à bois mort et sec..... »
Ordonnance de Henri III, en janvier 1583, art. 2 : « ..... Deffendons très expressément à tous lesdicts prétendans droits d'usage, particuliers, *communautez*, treffonciers et autres, à peine de privation de leur droict..... »

3. Édit portant règlement général pour les eaux et forêts, titre 25, art. 4 et 5.

4. Édit de 1669, titre XXV : *Des bois, prés, marais, landes, pastis, pêcheries et autres biens appartenants aux communautés et habitants des paroisses.* — Art. 1er. — Tous les bois dépendants des paroisses et communautés d'habitants, seront arpentés, figurés et bornés dans six mois, à la diligence des syndics, et les procès-verbaux et figures incessamment portés aux greffes des maîtrises : à quoi nous enjoignons à nos procureurs de tenir exactement la main.

forêts communales, édicté des peines pour les délits forestiers, prescrit le partage en nature des produits ou leur vente, l'emploi du prix de la vente, les juridictions appelées à connaître des délits ou contestations, etc....; mais, en ce qui concerne l'aptitude personnelle des habitants,

Art. 2. — Le quart des bois communs sera réservé pour croître en futaye dans les meilleurs fonds et lieux plus commodes par triage et désignation du grand-maître, ou des officiers de la maîtrise par son ordre.

Art. 3. — Ce qui restera, la réserve étant faite, sera réglé en coupes ordinaires de taillis, au moins de dix ans, avec marque et retenue de seize baliveaux de l'âge du bois en chacun arpent, des plus beaux brins de chênes, hêtres, ou autres de la meilleure essence, outre et par-dessus les anciens, modernes et fruitiers.

Art. 4. — Si néanmoins, les bois étaient de la concession gratuite des seigneurs, sans charge d'aucun cens, redevance, prestation ou servitude, le tiers en pourra être distrait et séparé à leur profit, en cas qu'ils le demandent, et que les deux autres suffisent pour l'usage de la paroisse : sinon le partage n'aura lieu, mais les seigneurs et les habitants jouiront en commun, comme auparavant. Ce qui sera pareillement observé pour les prés, marais, etc.....

Art. 5. — La concession ne pourra être réputée gratuite de la part des seigneurs, si les habitants justifient du contraire par l'acquisition qu'ils en ont faite, et s'ils ne sont tenus d'aucune charge : mais s'ils en faisaient ou payaient quelque reconnaissance en argent, corvées ou autrement, la concession passera pour onéreuse, quoique les habitants n'en montrent pas le titre, et empêchera toute distraction au profit des seigneurs, qui jouiront seulement de leurs usage et chauffage ainsi qu'il est accoutumé.

Art. 6. — Les seigneurs qui auront leurs triages ne pourront rien prétendre à la part des habitants, et n'y auront aucun droit d'usage, chauffage ou pâturage, pour eux ni leurs fermiers, domestiques, chevaux et bestiaux : mais elle demeurera à la communauté, franche et déchargée de tout autre usage et servitude.

Art. 7. — .....

Art. 8. — Défendons aux seigneurs, maires, échevins, syndics, marguilliers et habitants des paroisses, sans distinctions, de faire aucune coupe ou triage du quart réservé pour la futaye, et aux officiers de le permettre ou souffrir, à peine de 2,000 livres d'amende contre chacun particulier contrevenant, et en outre contre les officiers de privation de leur charge, sauf, en cas d'incendie ou ruine notable des églises, portes, ponts, murs et autres lieux publics, à se pourvoir pour obtenir nos lettres, ainsi qu'il est ordonné pour les ecclésiastiques.

Art. 9. — L'assiette des coupes ordinaires sera faite sans frais par le juge des lieux, en présence du procureur d'office, du syndic et de deux députés de la paroisse, et les pieds corniers, arbres de lizière et baliveaux marqués du marteau de la seigneurie, qui sera conservé dans un coffre à trois clefs, une pour le juge, l'autre pour le procureur fiscal, et la troisième pour le syndic de la communauté.

Art. 10. — Le juge pourra commettre pour l'assiette l'arpenteur ordinaire, ou tel autre qu'il jugera plus commode ; mais le récolement se fera par l'arpenteur-juré de la maîtrise, dont les salaires seront modérément taxés suivant son travail ; le tout à peine de nullité, de 500 livres d'amende, et d'interdiction contre le juge qui contreviendrait.

Art. 11. — Les coupes seront faites à tire et aire, à fleur de terre, par gens entendus choisis aux frais de la communauté, et capables de répondre de la mauvaise exploitation, pour être ensuite distribuées suivant la coutume ; et en cas pour l'exercice du droit d'affouage proprement dit, c'est-à-dire la jouissance en nature, il s'est référé aux coutumes locales. Toutefois, il stipule expressément les droits que peut avoir personnellement le seigneur à partager les produits forestiers avec les habitants, selon que la concession de la forêt a été faite à la communauté à titre gracieux ou à titre onéreux. Les questions d'aptitude personnelle des habitants, disons-nous, n'ont pas été touchées par l'édit de 1669, dont nous reproduisons en note toute la partie du titre XXV qui concerne les bois communaux.

---

de plainte ou contestation sur le partage ou distribution, le grand-maître y pourvoira en faisant ses visites.

Art. 12. — Si, pour le plus grand avantage de la communauté, il était jugé à propos par le grand-maître qu'il se fît vente des coupes ordinaires, il en renvoyera l'adjudication au juge du lieu, qui sera tenu d'y procéder avec les formalités prescrites pour la vente de nos bois, s'il n'y avait siège de maîtrise ou grurie dans la même paroisse, auquel cas nos officiers feront la vente sans frais, et sans que les deniers puissent être employés qu'aux réparations extraordinaires ou affaires urgentes de la communauté, à peine de répétition du quadruple, et de 500 livres d'amende contre les maire, échevins, syndic ou principaux habitants qui les auront divertis.

Art. 13. — Les bois abroutis seront récépés aux frais de la communauté, et tenus en défends, comme tous les autres taillis, jusqu'à ce que le rejet soit au moins de six ans, sous les peines réglées à cet égard pour nos forêts.

Art. 14. — Enjoignons aux habitants de proposer annuellement un ou plusieurs gardes pour la conservation de leurs bois communs, faute de quoi le juge des lieux y pourvoira et taxera d'office les salaires qui seront payés par la communauté.

Art. 15. — Les gardes feront le serment et leurs rapports pardevant les officiers des maîtrises ou gruries, si leur résidence n'est éloignée que de quatre lieues ; mais au cas que le siège soit dans une plus grande distance, le serment et les rapports se feront pardevant le juge ordinaire des lieux, qui sera tenu de se conformer pour l'instruction et jugements des abus et délits, aux formes et peines prescrites pour les abus et délits commis dans nos bois.

Art. 16. — Pourront nos officiers faire visites, quand bon leur semblera, dans les bois des paroisses, pour connaître de la bonne ou mauvaise exploitation ; et s'ils y trouvaient des délits, abus, négligences ou malversations du fait des particuliers ou des officiers, gardes et syndics, les réprimeront par amendes et peines, suivant la rigueur de nos ordonnances ; auquel cas ils auront leurs droits et vacations sur les amendes et restitutions adjugées suivant la taxe qui en sera faite par le grand-maître.

Art. 17. — .....

Art. 18. — .....

Art. 19. — Tous partages entre les seigneurs et les communautés seront faits par les grands-maîtres, en connaissance de cause, sur les titres représentés, par avis et rapports d'experts, et se payeront les frais par les seigneurs et par les habitants, à proportion du droit qu'ils auront en la chose partagée.

Art. 20. — Les grands-maîtres et officiers de la maîtrise instruiront et jugeront sommairement les différends qui pourraient survenir en exécution du partage

On remarquera, en se reportant à ce texte, avec quel soin l'édit[1], comme l'avaient, d'ailleurs, fait plusieurs ordonnances ou édits antérieurs, refuse aux juges ordinaires la connaissance de toutes les questions relatives aux eaux et forêts : c'est le grand-maître qui, avec les officiers placés sous ses ordres, a compétence pour juger les différends aussi bien que pour administrer. Cette compétence ne s'arrête pas à la connaissance des délits ou abus commis en matière d'exploitation, elle s'étend aux contestations et plaintes sur le partage et la distribution des coupes, faits entre les habitants suivant la coutume locale (art. 11). Bien plus, si, pour cause d'éloignement, le garde forestier communal peut faire son rapport, sur les délits et abus, au juge ordinaire du lieu, qui sera tenu de se conformer, pour instruire et juger, aux formes et peines prescrites pour les abus et délits commis dans les forêts royales, au lieu de le porter devant les officiers des maîtrises ou grueries (art. 15), cette faculté n'est pas accordée pour les plaintes ou contestations en matière de partage ou de distribution, dont l'examen semble bien réservé au grand-maître et à ses officiers ; ces fonctionnaires sont donc investis de la mission de recevoir et de juger les plaintes et contestations soulevées par les habitants pour les quantités de bois qui leur sont allouées respectivement, c'est-à-dire les questions d'aptitude personnelle à l'affouage. En effet, l'article 11 de l'édit de 1669 parle de « plainte ou contestation sur le partage ou distribution », ce qui comprend à la fois les différends sur le mode de partage et sur l'aptitude des personnes appelées à la distribution ou écartées de celle-ci.

---

des bois, prés, pastis et eaux communes, entre les seigneurs, officiers, syndics, députés ou particuliers habitants, sans que les juges ordinaires des lieux en puissent connaître.

Art. 21. — Toutes amendes et confiscations qui s'adjugeront pour les eaux, prés, pastis et bois communs contre les particuliers, appartiendront au seigneur haut justicier ; et les restitutions, dommages et intérêts à la communauté ; excepté les cas de réformation, dans lesquels toutes amendes et confiscations nous appartiendront, et les dommages et intérêts à la paroisse.

Art. 22. — Voulons que les restitutions, dommages et intérêts, adjugés aux communautés pour entreprises faites, abus ou délits commis en leurs bois, eaux et usages, soient mis ès mains du syndic, ou d'un notable habitant qui sera nommé à cet effet à la pluralité des suffrages, pour être le tout employé, comme dessus, aux réparations et nécessités publiques, à peine de 500 livres d'amende et de restitution du quadruple contre ceux qui en auraient autrement ordonné ou disposé.

1. Cet édit est dû à Colbert.

Ce souci d'enlever, d'une manière complète, aux juridictions ordinaires la connaissance des litiges forestiers, si nettement exprimé par l'édit de Colbert, n'était pas, nous l'avons dit, une innovation, puisque des règles analogues et aussi impératives avaient été posées, à cet égard, par les édits antérieurs [1]. Il est donc incontestable qu'à toutes époques, jusques et y compris l'édit de 1669, le pouvoir souverain a considéré les questions relatives aux forêts, parmi lesquelles figure le droit d'affouage, comme ayant un caractère particulier qui ne permettait pas de les faire rentrer dans le contentieux ordinaire. Cette manière de voir a été consacrée, de la façon la plus formelle, par l'édit de 1669, puisque ce texte législatif a minutieusement réglementé l'administration des bois communaux en son titre XXV que nous avons cité plus haut.

Le ministre de l'intérieur a fait ressortir avec modération, mais avec netteté, l'erreur que l'Assemblée nationale a commise en votant son décret des 7-11 septembre 1790, qui a supprimé la juridiction spéciale des eaux et forêts et attribué en bloc aux tribunaux de district la compétence sur toutes les infractions aux lois forestières, quelles qu'elles fussent. Le mémoire ministériel cite encore le décret des 19-25 décembre 1790, ordonnant le partage des papiers de l'administration des eaux et forêts.

Il nous semble intéressant d'ajouter ici une constatation qui a été passée sous silence. Par ce décret des 19-25 décembre 1790 (art. 10), l'Assemblée nationale a décidé que les papiers concernant la juridic-

---

1. Voir notamment l'édit de François Ier, décembre 1543, art. 1er : « ..... Disons, déclarons, statuons et ordonnons, voulons et nous plaist par ces présentes, pour la conservation desdits bois et forests de nosdits subjects, que tous les prélats, princes, nobles, communautez, et autres nos subjects ayant forest ou rivière en nostre dit royaume, pourront doresnavant poursuivre tous et chacuns leurs droicts, causes, raisons et actions, tant en demandant qu'en défendant, concernant leurs dites rivières et forests, à l'encontre des délinquants, coulpables et entrepreneurs sur iceux, et les prétendants droicts, tant sur le fonds d'iceux, qu'usage, pasturage, passage, ou autre droict, ou servitude en iceux, et y faire garder les ordonnances par nous cy-devant faictes sur le faict de nosdites eauës et forest, mesmement celles publiées en nostre cour de parlement à Paris, ez années mil cinq cent seize et dix-huit entièrement, et sans icelles enfreindre, et ce pardevant le maistre particulier de nos eauës et forests, ou pardevant le maistre des eauës et forests, des prélats, princes et seigneurs ayans tels officiers, chacun en sa juridiction en première instance ; et par appel et ressort pardevant ledit grand maistre général réformateur desdites eauës et forests en sondit siège de la table de marbre du palais de Paris..... »

tion, sauf ceux qui étaient communs à plusieurs districts, seraient remis au commissaire du tribunal compétent et que les papiers relatifs à l'administration seraient conservés au greffe de la maîtrise royale. Or, par un décret antérieur du 21 mai 1790, l'Assemblée avait fait savoir « qu'elle n'avait entendu apporter aucun changement à la manière dont les bois communaux en usance devaient être distribués entre les ayants droit ». Il en résultait nécessairement que les titres et documents d'administration relatifs aux modes de distribution des bois en usance demeureraient à la maîtrise royale, alors que quelques jours après il était ordonné que les contestations pouvant naître de ces titres et documents relevaient désormais de la compétence des tribunaux de district.

Ajoutons encore que le décret du 21 mai 1790 prouve combien le droit d'affouage a un caractère particulier, puisque l'Assemblée, malgré ses tendances réformatrices, malgré son désir d'en fixer la législation, non seulement ne songea pas à établir une législation générale de l'affouage, mais déclara formellement ne rien vouloir changer à l'état de choses existant, lequel différait essentiellement selon les lieux. Cela est si vrai que le décret des 15-29 septembre 1791, qui traite de l'affouage communal, ne le fait que sommairement, en ces termes : « Les communautés qui, pour leur plus grand avantage, jugeraient à propos de vendre leurs coupes ordinaires, au lieu de les partager en nature, ne pourront le faire qu'en vertu de la permission du directoire du district..... » Le partage en nature reste donc, comme auparavant, la règle habituelle, pour laquelle, dans le silence du décret, on est obligé de se reporter à celui du 21 mai 1790, c'est-à-dire aux titres et usages provenant de la féodalité et de la monarchie.

M. le ministre a passé rapidement sur les décisions aussi contradictoires que nombreuses de l'Assemblée législative, de la Convention et du premier Empire. Il aurait pu rappeler que, sans rien statuer d'ailleurs sur l'aptitude personnelle des ayants droit, une loi générale[1] avait décidé que le partage de l'affouage communal se ferait par tête d'habitant, qu'un arrêté spécial[2] avait créé pour le seul département de la Haute-Saône une situation exceptionnelle et que, par un arrêté

---

1. Loi du 26 nivôse an II.
2. Arrêté du représentant Saladin du 22 prairial an III.

postérieur [1], le Gouvernement fit rentrer le département dans le droit commun.

Nous ne citerons que pour mémoire la loi du 10 juin 1793, sur laquelle le mémoire ministériel s'est longuement étendu. Nous dirons seulement qu'en votant cette loi la Convention paraît avoir voulu réparer l'erreur commise par l'Assemblée constituante en 1790, mais que ses intentions ont été mal comprises ou, plutôt, que la question de l'affouage communal se perdit dans la grande tourmente révolutionnaire.

Il est un fait certain, c'est que l'édit de 1669 survivait malgré tout, bien qu'il fût abrogé ou remplacé par la loi du 29 septembre 1791. L'administration, le Conseil d'État, les tribunaux eux-mêmes étaient constamment obligés d'y recourir pour trancher une difficulté ou pour apprécier une situation.

C'est ainsi que la Cour de justice criminelle de la Loire ayant, par application de l'article 18 du titre 27 de l'édit de 1669, ordonné la démolition de 42 maisons sises sur le territoire de la commune de Mablys, à proximité des forêts de l'ancien duché d'Harcourt, devenues forêts nationales, le Conseil d'État fut appelé à se prononcer sur la question. La haute assemblée émit l'avis que les propriétaires des 42 maisons étaient fondés à exciper de leur bonne foi et à invoquer leur ignorance que « la loi de 1669 » fût applicable à leurs immeubles ;.... que Sa Majesté (l'Empereur) ne permettrait pas que l'on ruinât 42 familles pour lesquelles réclament les magistrats mêmes qui ont rendu l'arrêt, qui s'accusent eux-mêmes de sévérité et déclarent qu'ils n'ont ainsi prononcé que dans la crainte de sortir de leurs fonctions en interprétant « la loi » ;..... que les administrateurs des forêts et les procureurs impériaux pourraient être avertis de s'abstenir de réclamer l'exécution de l'article 18 du titre 27 de l'ordonnance de 1669 contre, etc...; mais qu'on poursuive sans retard la démolition des maisons sur perches, mentionnées dans l'article 17 du même titre, etc..... (Avis du Conseil d'État des 17 octobre-13 novembre 1805.)

C'est ainsi encore qu'un décret impérial du 9 juillet 1810 a déclaré applicables au cas d'enlèvement des feuilles mortes dans les bois et

---

1. Arrêté du 19 frimaire an X.

forêts les dispositions de l'article 12 du titre XXXII de l'édit de Colbert.

A l'époque où nous étions arrivés avant cette digression, il existait une telle confusion dans la législation des biens possédés par une commune ou indivisément par plusieurs communes que les décisions du pouvoir et les avis du Conseil d'État se multiplièrent pour donner une interprétation aux textes obscurs et pour concilier des textes contradictoires. L'arrêté du 19 frimaire an X, qui faisait rentrer le département de la Haute-Saône dans le droit commun, portait que le partage des bois communaux d'affouage, autres que les futaies, se ferait, dans tous les départements où l'affouage a lieu, par tête d'habitant [1], mais, comme les décisions antérieures, il était muet sur la question d'aptitude personnelle desdits habitants. Ce qui devait fatalement arriver se produisit bientôt et les difficultés surgirent innombrables entre les communes qui étaient propriétaires par indivision de bois ou de forêts; les unes voulaient que le partage de l'affouage se fît par tête d'habitant pour l'ensemble des communes, les autres qu'il eût lieu par feu; d'autres enfin qu'il fût effectué selon l'importance territoriale de chacune d'elles. On dut recourir aux lumières du Conseil d'État qui, par un avis du 26 avril 1808 [2], déclara que le seul mode équitable de

---

1. Arrêté du 19 frimaire an X (10 décembre 1801). — Art. 2. « Le partage des bois communaux d'affouage, autres que les futaies, dans le département de la Haute-Saône et dans tous ceux où l'affouage a lieu, se fera par tête d'habitant, conformément à la déclaration du 13 juin 1724 et à la loi du 26 nivôse an II. »

2. Avis du 26 avril 1808 : Le Conseil d'État, qui, d'après le renvoi ordonné par Sa Majesté, a entendu le rapport de la section de l'intérieur, ouï celui du ministre de ce département, tendant à faire décider si l'on peut appliquer au partage des bois possédés en indivis par plusieurs communes, l'avis du Conseil d'État du 4 juillet 1807, approuvé par Sa Majesté le 20 du même mois, qui ordonne de partager, à raison du nombre de feux, les biens communaux dont les communes veulent faire cesser l'indivis, et s'il est nécessaire de rapporter à cet effet un arrêté du 19 frimaire an X, qui décide, article 2, que le partage des bois autres que les futaies doit se faire par tête d'habitant; — Vu la loi du 10 juin 1793, la loi du 26 nivôse an 11; — Vu l'arrêté du 19 frimaire an X, le décret du 20 juin 1806, et l'avis du Conseil d'État ci-dessus énoncé; — Vu l'article 542 du Code civil; — Considérant que, par le décret du 20 juin 1806 et par l'avis du 20 juillet 1807, on est revenu au seul mode équitable de partage en matière d'affouage, puisqu'il proportionne les distributions aux vrais besoins des familles, sans favoriser exclusivement ou les plus gros propriétaires ou les prolétaires, et que d'ailleurs l'article 542 du Code civil ne laisse aucune distinction à faire entre les bois des communes et les autres biens communaux, puisqu'il dit : « Les biens communaux sont ceux à la propriété ou au produit desquels les habitants d'une ou de plusieurs communes ont un droit acquis; » — Est d'avis que les principes

partage en matière d'affouage était la distribution par feu, que son avis des 4-20 juillet précédent, relatif au partage des biens communaux était applicable à l'affouage, étant donnés les termes généraux de l'article 542 du Code civil et « qu'en conséquence les partages devaient se faire par feu, c'est-à-dire par chef de famille ayant domicile ». La haute assemblée avait d'ailleurs nettement dit que, selon elle, les principes de l'arrêté du 19 frimaire an X avaient été modifiés par des décrets postérieurs.

Par conséquent, d'après l'avis du 26 avril 1808, le partage de l'affouage, dans la commune, devait se faire désormais par feu, c'est-à-dire par chef de famille ayant domicile. Si élastiques que soient ces termes, si féconds soient-ils en interprétations différentes, ils constituent un progrès sensible, puisqu'ils fixent un premier point quant à l'aptitude personnelle à l'affouage, c'est-à-dire la nécessité pour concourir au partage, d'être chef de famille ayant domicile. Ajoutons que, d'après ses propres expressions, le Conseil d'État a été guidé, en la circonstance, par le souci de proportionner les distributions aux vrais besoins des familles, sans favoriser exclusivement ou les plus gros propriétaires ou les prolétaires. Cette intention d'impartialité est certainement très respectable ; mais le but a-t-il été bien atteint ?

Depuis de longues années, on sentait que les centaines de décisions, ordonnances, lois, arrêtés, décrets et avis qui avait régi successivement l'administration des forêts, supprimant, rétablissant, modifiant l'un après l'autre l'état de choses existant, avaient fini par créer, si l'on nous permet cette expression triviale, mais de circonstance, un inextricable fouillis. La nécessité s'imposait de codifier tout ce qui concernait les forêts et, par arrêté du 20 septembre 1822, le ministre des finances, dans les attributions de qui la direction générale des forêts était comprise, confia la mission de préparer cette codification à une commission de sept membres, qu'il eut soin de composer d'hommes compétents, c'est-à-dire de quatre administrateurs des forêts, d'un inspecteur général et de deux chefs de division de l'administration [1]. Le projet éla-

---

de l'arrêté du 19 frimaire an X ont été modifiés par les décrets postérieurs, et que l'avis du 20 juillet 1807 est applicable au partage des bois, comme à celui de tous autres biens dont les communes veulent faire cesser l'indivis ; — Qu'en conséquence les partages se feront par feu, c'est-à-dire par chef de famille ayant domicile.

1. MM. Chauvet, Marcotte, Raison, Duteil, Dubois, Doniol et Baudrillart.

boré par ces commissaires, revu, expurgé et amendé successivement
par deux autres commissions, fut soumis, dans toute la France, à
l'examen de tous les magistrats, fonctionnaires et corps élus, dont les
avis pouvaient être utiles ; les conseils généraux furent également con-
sultés ; et ce n'est qu'après cette longue et patiente étude, à laquelle
avaient concouru tous ceux qui pouvaient en augmenter la valeur,
qu'un projet de Code forestier fut soumis par le ministre[1] de Charles X,
le 29 décembre 1826, à la Chambre des députés, qui nomma aussitôt
une commission de neuf membres[2], chargée d'examiner le projet du
Gouvernement, avec mission de déposer son rapport le plus rapidement possible, à cause de l'importance de la question.

Le rapport fut déposé à la séance du 12 mars 1827 et la commission,
par l'organe de son rapporteur, s'exprimait ainsi, sur la question du
droit des habitants à l'affouage : « La rédaction de l'article 105 n'ayant
pas été jugée suffisamment claire, nous l'avons commencée par ces mots :
« S'il n'y a titre ou usage contraire..... » L'addition du mot usage a
paru nécessaire ; l'article fixe le principe que le partage des bois d'affouage doit s'exécuter par feu ; mais si un mode différent est établi par
un usage ou une possession immémoriale équivalant à un titre, il faut
le respecter. »

Le projet du Gouvernement ne prévoyait, en effet, que le partage
par feu et n'admettait d'exception à cette règle que s'il y avait titre
contraire. La commission, animée d'une très louable intention d'ailleurs, paraît avoir cédé, sans s'en douter, à un sentiment de respect
pour la tradition et, peut-être, à la crainte de mécontenter les populations par une innovation trop hardie. C'était fâcheux, puisque le projet
de loi avait pour but d'édicter des règles fixes et de préciser les droits
de chacun ; c'était d'autant plus regrettable que l'addition du mot
« usage », qui semblait, dans la pensée des commissaires, ne devoir
s'appliquer qu'au partage, visait aussi l'aptitude personnelle des affouagistes qui, d'après le projet devaient être chefs de famille ou de maison et avoir domicile réel et fixe dans la commune. Cela est si vrai
que l'exposé des motifs, lu à la Chambre des pairs, le 11 avril 1827,
par le vicomte de Martignac, contient ce passage : « Le partage des bois

---

1. M. de Martignac, ministre d'État.

2. MM. Favard de Langlade (rapporteur), Carrelet de Loisy, Lebeau, Olivier,
Révélière, Saladin, Chifflet, Fouquier-Long, de Foucauld.

d'affouage sera fait par feu, c'est-à-dire par chef de famille ou de maison, ayant domicile réel et fixe dans la commune, s'il n'y a titre ou
usage contraire. »

Quoi qu'il en soit, la rédaction proposée par la commission de la
Chambre des députés, acceptée par le Gouvernement, votée par les
Chambres, est devenue celle de l'article 105 du Code forestier, ainsi
conçu : « S'il n'y a titre [1] ou usage contraire, le partage des bois d'affouage se fera par feu, c'est-à-dire par chef de famille ou de maison,
ayant domicile réel et fixe dans la commune..... » Il faut rendre justice
aux législateurs de 1827, dont l'œuvre est d'ailleurs grande et belle ;
ils ont voulu déterminer la catégorie des habitants qui pourraient prétendre à l'affouage et c'est la première fois qu'on voit apparaître, dans
les lois sur les forêts, cette règle relative à l'aptitude personnelle. Malheureusement, ils ont omis de dire ce qu'ils entendaient par « chef de
famille ou de maison » ; ils ont oublié de spécifier comment s'établi-
rait le « domicile réel et fixe dans la commune » ; ils n'ont pas songé
à faire savoir si, dans le Code forestier, le mot domicile devait avoir le
même sens que dans les autres codes ; ils ont oublié de préciser si,
dans leur esprit, la condition d'aptitude personnelle était liée au mode
de partage ou constituait une question à part, pouvant et devant être
réglée à part également, en cas de contestation. C'était ouvrir trop faci-
lement la voie à toutes les difficultés, sans compter celles qui devaient
naître de l'addition du mot « usage », et ces difficultés n'ont pas man-
qué de surgir.

Le grand reproche que nous ferons au Code forestier de 1827, autrement si complet, est d'avoir passé sous silence la question de compétence, alors qu'il eût été si facile de l'attribuer législativement aux
conseils de préfecture et au Conseil d'État.

La suite des temps a démontré que c'était une source d'embarras
venant grossir les autres. Aussi est-ce avec étonnement que l'on cons-
tate que le législateur de 1883 ne s'est pas occupé non plus de cette
question, bien que de 1827 à 1850, puis de 1870 à 1883, elle eût pris
des proportions qui auraient dû appeler l'attention de tous. Mais il
faut reconnaître que la loi du 23 novembre 1883, en modifiant l'ar-

---

1. C'est sur la demande de M. Méline, alors ministre de l'agriculture et auteur
du projet qui est devenu la loi du 23 novembre 1883, que le mot usage a disparu
de l'article 105 du Code forestier.

ticle 105 du Code forestier, a eu pour effet d'accentuer encore le caractère particulier de ce que, par une heureuse expression, le ministre a nommé : le domicile affouagiste.

L'article 105 nouveau est ainsi conçu : «.....Sera considéré comme chef de famille ou de maison tout individu possédant un ménage ou une habitation à feu distinct, soit qu'il y prépare la nourriture pour lui et les siens, soit que, vivant avec d'autres à une table commune, il possède des propriétés divisées, qu'il exerce une industrie distincte ou qu'il ait des intérêts séparés. » Ce sont là autant de points de fait et non de droit, et le ministre de l'intérieur a eu raison de dire que la juridiction administrative avait bien plus de facilités pour les contrôler que la justice ordinaire. Il devenait donc plus nécessaire que jamais que la compétence des conseils de préfecture et du Conseil d'État fut affirmée à cet égard. Malheureusement, nous le répétons, on a omis d'y songer, probablement parce que l'on s'en rapportait aux décisions rendues par le Tribunal des conflits en 1850 et que personne n'avait eu l'idée de scruter, comme cela vient d'être fait, les dispositions de la loi du 10 juin 1793.

Nous devons rendre d'ailleurs un juste hommage à M. Rau, commissaire du Gouvernement près le Tribunal des conflits, qui, le 3 février 1894, dans un procès d'ailleurs tout spécial [1], a déposé des conclusions prouvant qu'il comprenait la loi du 10 juin 1793 d'une façon presque identique à l'interprétation donnée par le ministre de l'intérieur. Il concluait à la compétence du conseil de préfecture. Mais l'arrêt rendu conformément à son avis ne pouvait faire jurisprudence sur la question qui nous occupe, d'une part à cause du caractère particulier de l'instance et, d'autre part, surtout à cause de la distinction établie par le Tribunal dans le considérant suivant : « Considérant que la demande dont s'agit tend à obtenir le délaissement d'une parcelle de biens communaux dont les époux Andrieu se seraient indûment attribué la jouissance au décès de leur auteur, contrairement aux dispositions de l'ancien règlement, arrêté le 12 novembre 1769 et encore en vigueur dans la commune ; *que cette contestation porte uniquement sur une difficulté relative au mode de partage de biens communaux* et qu'il résulte

---

1. Il s'agissait d'une contestation entre deux particuliers, basée sur un règlement du 12 novembre 1769, encore en usage dans la commune de Fenouillet (Haute-Garonne).

des dispositions combinées des lois des 10 juin 1793 et 9 ventôse an XII et des décrets des 9 brumaire an XIII et quatrième jour complémentaire an XIII, que la connaissance des litiges de cette nature est attribuée aux conseils de préfecture. »

On voit, d'après ce considérant, qu'au mois de février 1894, le Tribunal des conflits s'est encore inspiré des considérations qui avaient motivé ses décisions de 1850 et qu'il importait de saisir la première occasion favorable pour lui soumettre une question d'aptitude personnelle à l'affouage, résultant de l'article 105 du Code forestier et, par conséquent, ne visant plus uniquement le mode de partage. C'est ce qui a été fait.

Par son arrêt du 4 juillet 1896, le Tribunal des conflits a adopté la doctrine soutenue par le mémoire que nous avons reproduit et s'est prononcé en des termes qui ne peuvent prêter désormais à aucune équivoque, puisque, après avoir visé les lois sur la matière, le Tribunal déclare que ces lois, donnant compétence à la juridiction administrative, embrassent toutes les questions d'aptitude personnelle qui ne sont pas définies par le Code civil et qu'en matière d'affouage, l'article 105 du Code forestier établit, même pour le domicile, des conditions qui sont distinctes de la loi civile ordinaire.

Voici le texte de cette importante décision :

Le Tribunal des conflits,

Vu l'arrêté, en date du 8 avril 1896, par lequel le préfet du département de la Haute-Saône a élevé le conflit d'attributions dans l'instance engagée devant la cour d'appel entre Jacques-Emmanuel Vaillant et la commune de Tavey;

Vu l'exploit introductif d'instance, en date du 3 août 1895, par lequel Vaillant a réclamé son admission au bénéfice de l'affouage pour l'année 1894-1895 et a cité la commune devant le tribunal civil de Lure ;

Vu le déclinatoire du 29 octobre 1895 présenté au tribunal par le préfet en même temps que la commune concluait à l'incompétence des juges civils ;

Vu le jugement du tribunal civil de Lure du 8 novembre 1895, par lequel le tribunal s'est déclaré compétent et a renvoyé pour plaider au fond ;

Vu l'appel interjeté par la commune de Tavey le 7 décembre 1895;

Vu le mémoire en déclinatoire du 14 mars 1896 présenté devant la cour par le préfet ;

Vu les conclusions du 18 mars 1896 par lesquelles la commune appelante soutient en principe l'incompétence des juges civils quant aux conditions d'admissibilité à l'affouage ;

Vu l'arrêt du 25 mars 1896 de la cour d'appel de Besançon qui, sur la compétence, reproduit la doctrine des décisions du Tribunal des conflits des 10 avril et 12 juin 1850, d'après laquelle les questions d'aptitude personnelle en matière d'affouage sont, à la différence de celles relatives au mode de partage, réservées aux tribunaux civils, sans admettre l'influence de l'arrêt du Conseil d'État du 8 avril 1892 rendu en matière de taxes attribuées à la juridiction administrative ;

Vu les observations produites au nom de Vaillant ;

Vu l'extrait du registre des mouvements tenu en exécution des articles 7 et 14 de l'ordonnance du 1er juin 1828, d'où il résulte que les formalités prescrites ont été exactement remplies ;

Vu la lettre du directeur des affaires civiles au ministère de la justice constatant que les pièces de la procédure y sont arrivées le 4 mai et ont été transmises le lendemain au secrétariat du Tribunal des conflits ;

Vu la lettre du ministre de l'intérieur, en date du 22 juin 1896 estimant qu'il y a lieu de confirmer l'arrêté de conflit ;

Vu la loi du 24 mai 1872 et le règlement d'administration publique du 26 octobre 1849 ;

Vu les lois du 10 juin 1793 et du 9 ventôse an XII, le décret du quatrième jour complémentaire an XIII et l'article 105 du Code forestier ;

Ouï M. Babinet, membre du tribunal, en son rapport ;

Ouï M. Jagerschmidt, commissaire du Gouvernement, en ses conclusions ;

Considérant que, devant le tribunal de Lure, le sieur Vaillant soutenait que la commune de Tavey lui avait à tort refusé, pour 1894-1895, la part d'affouage à laquelle il avait droit aux termes de l'article 105 du Code forestier ;

Considérant que les articles 1 et 2, section V, de la loi du 10 juin 1793, concernant le mode de partage des biens communaux, attribuent à la juridiction administrative les contestations qui pourront s'élever à raison du mode de partage entre les communes et toutes les réclamations qui pourront s'élever à raison du mode de partage ;

Considérant que par ces expressions la loi a entendu comprendre la décision à rendre sur tous les points contentieux ressortant des prétentions des habitants de la commune à la jouissance d'une part des biens communaux et se rattachant nécessairement au mode de partage adopté ;

Considérant que la compétence de la juridiction administrative a été confirmée par l'article 6 de la loi du 9 ventôse an XII et par le décret du quatrième jour complémentaire de l'an XIII ;

Considérant que les litiges que ces lois ont en vue embrassent toutes les questions d'aptitude personnelle qui ne sont pas définies par le Code civil et ne rentrent pas dans les questions préjudicielles d'état ou de droit civil, nécessairement réservées aux tribunaux civils ;

Considérant qu'en matière d'affouage l'article 105 du Code forestier, modifié par la loi du 23 novembre 1883, a établi des conditions qui, même pour le domicile, sont distinctes de la loi civile ordinaire ;

Par ces motifs,

Décide :

Art. 1er. — L'arrêté du 8 avril 1896 par lequel le préfet du département de la Haute-Saône a élevé le conflit d'attributions dans l'instance engagée devant la cour d'appel de Besançon entre le sieur Vaillant et la commune de Tavey est confirmé.

Art. 2. — Sont considérés comme non avenus : 1° la citation donnée à la commune de Tavey le 3 août 1895 ; 2° le jugement du tribunal civil de Lure du 8 novembre 1895 ; 3° l'acte d'appel du 7 décembre 1895 et 4° l'arrêt de la cour d'appel de Besançon du 25 mars 1896, ensemble tous actes de procédure, toutes demandes formées et conclusions prises aux fins de faire statuer par l'autorité judiciaire.

Art. 3. — Expédition de la présente décision sera transmise à M. le garde des sceaux, ministre de la justice, qui est chargé d'en assurer l'exécution.

La compétence de la juridiction administrative est donc définitivement fixée pour toutes les questions concernant le mode de partage des biens communaux, y compris celles qui ont trait à l'aptitude personnelle, et les conseils de préfecture n'auront plus à renvoyer les parties devant les tribunaux ordinaires que s'il y a lieu de faire trancher une question préjudicielle d'état ou de droit civil.

Nancy, imprimerie Berger-Levrault et Cie,

NANCY, IMPRIMERIE BERGER-LEVRAULT ET Cie